Longieren mit Pferd

Wie Sie mit einfühlsamer Bodenarbeit und effektivem Pferdetraining Ihr Pferd schnell und einfach dressieren - inkl. Tipps bei Krankheit und zur Hufgesundheit

Maria Dreesmann

INHALT

Das erwartet Sie in diesem Buch

In diesem Buch erwartet Sie das spannende Thema Pferd.

Zunächst werden die wichtigsten Begriffe, die in diesem Buch vorkommen, erklärt. Des Weiteren folgt die spannende Geschichte, wie der Mensch zu dem Pferd kam, wie es zu den Anfangszeiten als Fortbewegungsmittel galt und wie es heute ein toller Freizeitpartner ist.

Dass Pferde mit uns Menschen einige Gemeinsamkeiten haben, ist uns bekannt. Welche das sind und wie sich die Vierbeiner in ihrer Herde verhalten, welche Rangordnung es gibt und wie sich deren Gemeinschaft verändern kann, erfahren Sie hier.

Natürlich haben wir uns damit befasst, welche Haltungsform für die Pferde am artgerechtesten ist, damit sowohl die Hufe als auch der gesamte Bewegungsablauf der Tiere sich einer langen Gesundheit erfreuen kann.

In Kapitel 7 werden die Hilfsmittel, die Pferden laut einer Theorie helfen sollen, erläutert. Wieso diese Hilfsmittel in der letzten Zeit vermehrt kritisiert wurden und weshalb immer mehr Pferdebesitzer zu einer anderen Zäumung greifen, erfahren Sie hier.

Ein wichtiges Thema in dem Pferdealltag bietet das Longieren. Was hier bei dem Longenführer und dem Pferd wichtig ist und wie Sie das Training interessanter für Ihren Vierbeiner gestalten können, bietet Ihnen dieser Ratgeber.

Am Schluss erfahren Sie, worauf Sie bei einem Pferdekauf achten sollten und weshalb Sie gewissenhaft mehrmals zu dem Hof Ihres vielleicht zukünftigen Freizeitpartner fahren sollten, lesen Sie hier.

Begriffe/ Definitionen/ Erklärungen

Stute: Die Stute ist ein weibliches Pferd.
Hengst: Der Hengst ist ein männliches, un-
kastriertes Pferd.
Wallach: Der Wallach ist ein kastriertes, männliches Pferd.

Kastriert/Kastration (bei dem Pferd): Eine
Kastration wird meistens im Alter von zwei bis
vier Jahren durchgeführt. Es wird auch als Legen

bezeichnet. Hierbei wird der Hoden entfernt, wodurch sich in den Geschlechtsorganen kein Testosteron mehr gebildet. Die Pferde werden meist ruhiger und umgänglicher.

Klassische Reitausbildung: Zu der klassischen Reitausbildung, auch Grundausbildung eines Pferdes genannt, zählt unter anderem das Longieren.

Longiergurt: Der Longiergurt ist zum Ausbinden eines Pferdes nötig. Es ist ein aus Leder oder Nylon gefertigter Gurt, der hinter dem Widerrist um den Rumpf des Pferdes angebracht wird.

Hilfszügel beim Longieren: Dreieckszügel – er besteht aus einem dicken Riemen, der zwischen den Vorderbeinen durchläuft und mittig am Sattelgurt befestigt wird.

Vorwärts-Abwärts: Hierbei soll das Pferd den Hals fallen lassen und sich vertrauensvoll an das Gebiss herandehnen. Die Nase des Pferdes geht dabei in Richtung des Bodens und wird ein bis zwei Handbreiten tiefer als das Buggelenk getragen. Der Hals ist lang, aber nicht gestreckt.

Gamaschen: Sie schützen die Beine der Pferde vor Schlägen oder Stößen. Gerade bei Pferden, die beschlagen sind, sollten Gamaschen angebracht werden, um Verletzungen vorzubeugen.

Bandagen: Bieten einen leichteren Schutz als Gamaschen und eignen sich, um Sehnen und Bänder warm zu halten. Bandagen empfehlen sich zudem bei Pferden, die nach einer längeren Verletzung in der Box stehen.

Hufglocken: Dienen dazu, wenn Pferde beim Longieren übertreten, sich kein Hufeisen abzutreten.

Cavallo: Magazin über Pferdethemen.

Hornkapsel: Die Hornkapsel, auch Hufkapsel genannt, besteht aus der Hufwand, die den Huf umrahmt, der Hufsohle und dem Strahl.

Nagelbettentzündung: Kann sich an verschiedenen Körperstellen befinden, z. B. am Nagelfalz – wo Nagel und Haut aufeinandertreffen, unter dem Nagel oder drumherum. Die ersten Symptome sind: Rötungen, Juckreiz, ein Anschwellen der betroffenen Stellen.

Lahmheit: Die Lahmheit äußert sich als eine Störung in dem Bewegungsablauf.

FN: Die FN ist die Deutsche Reiterliche Vereinigung. Die internationale Bezeichnung hierfür ist: Federation Equestre Nationale.

Nüstern: Die Nüstern sind die Nasenöffnungen der Pferde.

LPO: Die LPO ist die Leistungsprüfungsordnung. Hierbei handelt es sich um das offizielle Regelwerk für nationale Turniere im Reit-, Fahr- und Voltigiersport.

Strohwisch: Ein Strohwisch ist ein Bündel aus Stroh, welches etwa an einer ein Meter hohen Latte befestigt ist.

Cushing: Das Cushing-Syndrom ist eine körperliche Veränderung, die durch erhöhte Konzentration von Kortisol entsteht. Bei dem Pferd bildet sich ein langes und lockiges Fell, das Verhalten verändert sich und die Muskeln schwinden.

EMS: Equines Metabolisches Syndrom. Pferde, die unter EMS leiden, besitzen einen ungleichmäßigen Stoffwechsel, Fettdepots an Stellen, wie etwa den Schultern, am Bauch oder am Mähnenkamm.

Diabetes: Bei Pferden, die unter Diabetes leiden, hat der Körper entweder zu wenig Insulin oder das Insulin in ihrem Körper arbeitet unrichtig.

ASS: Acetylsalicylsäure

Vollblut: Unter Vollblütern verstehen sich Pferderassen, die auf arabische Pferde zurückgehen. Ebenso gelten sie als temperamentvoll, schlank und grazil. Zu den Vollblutrassen gehören unter anderem das Englische Vollblut und der Anglo-Araber.

Warmblut: Die Warmblüter stehen zwischen dem Voll- und dem Kaltblutstyp. Dieser vereint Merkmale beider Pferdetypen. Zu den Warmblutrassen gehören unter anderem der Appaloosa und das American Quarter Horse.

Kaltblut: Die Kaltblüter sind Pferderassen, die sich durch ihr hohes Körpergewicht und ruhiges Temperament auszeichnen. Teilweise werden sie als Zugpferde für Ackerarbeiten eingesetzt oder als Reit- und Kutschpferde. Zu den Kaltblutrassen gehören unter anderem das Shire Horse und der Noriker.

Haflinger: Der Haflinger ist bekannt als ein Gebirgspferd, welches heute den Ruf als ein robustes Freizeitpferd hat und zum Reiten eingesetzt wird. Offiziell zählt der Haflinger zu den Ponyrassen/Kleinpferdrassen.

Norweger: Der Norweger, auch bekannt als das Fjordpferd, ist eine Pferderasse, die aus den Küstengebieten von Norwegen stammt.

Shetlandpony: Ein Shetlandpony wurde zu früheren Zeiten im Bergbau als Grubenpony eingesetzt. Die sogenannten Shettys erreichen eine Größe von maximal 107 Zentimeter.

Islandpferd: Die Isländer stammen, wie der Name der Rasse bereits verrät, aus Island. Die vielseitige und robuste Pferderasse kann, dank ihres kräftigen Körperbaus, selbst Erwachsene tragen. Das Besondere an diesen Kleinpferden ist vor allem, dass bei ihnen zu den bekannten Gängen wie Schritt, Trab und Galopp zwei weitere, nämlich der Tölt und der Pass hinzukommen.

Friese: Diese Pferderasse zählt zu den ältesten Rassen Europas. Ursprünglich kommen Friesen aus den Niederlanden und sind bei Reinrassigkeit ausschließlich schwarz.

Kapitel 1 –
Wie kam der
Mensch zum Pferd

Die Pferde haben den Menschen schon lange begeistert und dennoch ist nicht klar, wie und wo die Beziehung der beiden begonnen hat. Es wird davon ausgegangen, dass ungefähr 3500 vor Christus die Steppenvölker von Asien die ersten Menschen waren, die in Osteuropa, zwischen der Wolga-Mündung und dem Aralsee, die ersten Wildpferde eingefangen und gezähmt haben.

Doch selbst hier gehen die Meinungen auseinander, denn Archäologen fanden im Jahr 2009 heraus, dass im heutigen Kasachstan, welches das ehemalige Gebiet der Botai-Kultur war, die Menschen bereits vor 5500 Jahren auf Pferden durch die Steppe ritten.

Damals hatte das Reiten der Pferde jedoch kaum eine Bedeutung. Laut den Wissenschaftlern nutzten die Menschen die Vierbeiner als Fortbewegungsmittel, um in den Kriegen voranzuschreiten.

Im Jahr 1973 wurde die „Vereinigung der Freizeitreiter und -fahrer in Deutschland" gegründet, um die Interessen von reinen Freizeitreitern zu vertreten. Doch bereits davor gab es wichtige Vereinsgründungen, wie beispielsweise die Gründung der Deutschen Reiterlichen Vereinigung im Jahr 1905. Die Ereignisse dieses Sportes überschlugen sich. Bereits 1952 wurde der Reitsport in Helsinki als olympische Disziplin eingeführt. Im Springreiten wurde die erste Weltmeisterschaft 1953 ausgeführt, in der Dressur dreizehn Jahre später.

Kapitel 2 – Die Geschichte des Pferdes

Fangen wir mit dem Urpferd an. Eohippus war nicht größer als ein Fuchs mit seinen 30 Zentimetern. Seltsamerweise hatte es Zehen, vier an den Hinterbeinen und drei an den Vorderbeinen. Eohippus lebte in einem subtropischen Klima in einer regenwaldbedeckten Region.

Die Ernährung des Eohippus war ausschließlich vegetarisch, so wie wir es von den heutigen

Pferden noch kennen. Dennoch aßen die Vierbeiner überwiegend weiche Blattnahrung und heruntergefallenes Laub.

Vor vermutlich zehn Millionen Jahren tauchte der erste Einhufer, namens Pliohippus, auf. Optisch gesehen unterscheidet er sich kaum von dem Pferd, das wir heute kennen. Pliohippus war 1,20 m groß und lebte in Nordamerikas Graslandschaften.

Vor circa 1,5 Millionen Jahren begann sich das Pferd auch in Eurasien, heute bekannt als Europa und Asien, auszubreiten. Damals wanderten die Pferde über Landbrücken. Schnell eroberten die Vierbeiner fünf Kontinente mit unterschiedlichen Lebensräumen und breiteten sich aus. Einzig ausgestorben sind sie in ihrer Heimat, Nordamerika. Die Ursache ist allerdings unbekannt.

Da sich die Lebensräume veränderten, die Feinde größer wurden und das Futter besser verwertet werden musste, wurden die Pferde im Laufe der Zeit größer.

Bestimmt haben Sie bereits ein Pferd gesehen. Sind Ihnen die steinartigen Stellen an der Innenseite des Beines aufgefallen? Falls ja, gehen diese Überreste, auch Kastanien genannt, auf die

Steinzeit zurück. Damals, als die Pferde noch etwa die Größe eines Fuchses hatten, vorn vier und hinten bloß drei Zehen hatten und im Wald lebten, wuchs das Pferd innerhalb von ungefähr 55 Millionen Jahren. Aus seinem Fuß mit den Zehen bildete sich der heute allseits bekannte Huf.

Kapitel 3 – Das Pferd, ein soziales Wesen

Dass Pferde gesellige Tiere sind, haben Sie wahrscheinlich daran bereits gemerkt, dass die Vierbeiner nie allein auf einer Wiese stehen, sondern mit ihren Artgenossen. Pferde haben, genau wie Menschen, ein Bedürfnis nach Freundschaft, sie möchten Bindungen eingehen. Es besteht eine ständige Bereitschaft, ihren bereits gefundenen Freunden zu folgen. Eine weitere Gemeinsamkeit, die sie mit uns Menschen haben, sind Antipathien und Sympathien.

Wenn Pferde über einen längeren Zeitraum beisammen stehen, entwickelt sich eine Herde. Durch viele aufmerksame Mitglieder bietet sie allen darin lebenden einen besseren Schutz vor Feinden, als wenn sie als Einzelgänger gehalten würden.

Sie kennen es mit Sicherheit aus Ihrer Freundesgruppe, dass es verschiedene Rollen innerhalb dieser gibt, und genauso ist es mit unseren Vierbeinern auch. Innerhalb der Herde gibt es klare Hierarchien, an der Spitze steht ein soziales, starkes Leittier. Die Positionen der einzelnen Mitglieder kann sich im Laufe der Zeit verändern. Dabei spielen weder das Alter noch die Dauer der Gruppenzugehörigkeit eine Rolle bei der Rangordnung.

Damit zwischen dem Menschen und dem Pferd eine richtige Verbindung entsteht, muss der Mensch ein Teil der Herde sein und von dem Pferd als ranghohes Mitglied akzeptiert werden.

Kapitel 4 – Einzelhaltung und Gruppenhaltung von Pferden

Es gibt viele verschiedene Haltungsformen von Pferden und Ponys. Welche Halterungen artgerecht sind und welche nicht, hängt von der Meinung des Menschen ab. Dennoch lässt sich allgemein die Aussage tätigen, dass alle Formen der Haltung artgerecht sind, wenn die

Vierbeiner die Möglichkeit haben, ihr Normalverhalten auszuüben und die daraus resultierenden Bedürfnisse zu befriedigen.

Zum einen gibt es die am häufigsten verbreitete Form der Haltung, bei der die Pferde in der Nacht in einem geschlossenen Stallgebäude in ihrer eigenen Box stehen. Hier gibt es bereits Unterschiede, da einige Boxen ein Fenster haben, welches es den Tieren ermöglicht, ihre Umgebung zu sehen, und andere wiederum, die sogenannten Innenboxen, die fensterlos sind. Bekannt sind zudem noch die Paddockboxen, die zusätzlich zu der überdachten Box einen kleinen, frei zugänglichen Auslauf haben. Dieser sollte mindestens nach der Formel zweimal Widerristhöhe hoch zwei entsprechen. Die Temperaturen in dem Stall sollten den Temperaturen der Außentemperatur entsprechen, um Schäden durch Ammoniakbildung oder Staub vorzubeugen.

Die Einstreu, welche aus frischem Stroh, Pellets oder Sägemehl bestehen kann, muss zwingend sauber und trocken sein. Da, wie in Kapitel 3 bereits beschrieben, Pferde sehr soziale Wesen sind, brauchen sie dringend sowohl Sicht-, Hör- und Geruchskontakt zu ihren Artgenossen. Es ist aufgrund des eben benannten Punkts mit dem Sozialverhalten tierschutzwidrig, ein Pferd ohne Artgenossen zu halten. Durch die direkte Verbindung der Boxennachbarn können enge Freundschaften entstehen, die die Pferde während ihrer Auslaufzeit pflegen. Die Fläche, die den Pferden zur Verfügung gestellt werden muss, sollte bei Gruppenhaltung mindestens eine Fläche für die reinen Bewegungsabläufe von 100 Quadratmetern haben sowie zwölf Quadratmeter zum Liegen vorweisen. Wie ebenfalls in Kapitel 3 benannt, besteht bei Pferden gegenüber ihren Artgenossen manchmal eine Antipathie. Um diesem Problem entgegenzuwirken, gibt es unter anderem diese Anforderungen an die Auslaufgröße. Dadurch können die Vierbeiner ihren Abstand zueinander frei wählen.

Da jedes Pferd ein Individuum ist, eignen sich nicht alle Pferde für eine bestimmte Haltungsform, da ständige Machtkämpfe und Mobbing der Alltag einer Herde sein können. Diese führen dazu, dass ein Pferd krank wird. Durch den sogenannten Dauerstress kommen Pferde nicht zu einer Erholung und werden im Liegebereich von anderen stärkeren Tieren gestört. Der Endzustand ist hierbei die Erschöpfung, da sich Pferde nur liegend den Erholungsschlaf holen können. Daher sollte der Liegebereich eingestreut sein. Dazu eignet sich ebenfalls Einstreu. Um Rangkämpfe in der Herde zu vermeiden, müssen ausreichend Ressourcen vorhanden sein. Damit sind beispielsweise genügend Plätze an der Tränke, den Heuraufen und den Liegeflächen gemeint. Die Durchgänge von den Boxen zu dem Auslauf und auf dem Auslauf dürfen keine Sackgassen enthalten, da es bei Pferden, die eine Antipathie zueinander haben, nicht positiv ablaufen kann.

Um explizit die Einrichtung zu betrachten, wird zunächst auf die Zäune geachtet. Diese müssen für Pferde vor allem gut sichtbar, aber auch stabil sein, um Ausbrüche zu vermeiden. Wie Sie sich wahrscheinlich bereits denken können, ist Stacheldraht unzulässig. Sollten sich innerhalb der Boxen Gitterstäbe befinden, müssen diese so beschaffen sein, dass kein Pferd mit dem Kopf oder mit den Hufen darin hängen bleiben kann. Laut den BMEL-Leitlinien gelten Abstände von fünf Zentimetern.

Da nun ausführlich auf die Gruppenhaltung eingegangen wurde, kommen wir nun zu der

Einzelhaltung. In Deutschland ist es verboten, Pferde einzeln zu halten. Ausnahmen machen hier Hengste, die deutliche Hengstmanieren zeigen, oder Pferde, die in einer Verletzungspause sind. Dennoch sollte es bei den Hengsten eine Möglichkeit geben, dass sie ausschließlich durch einen Zaun von ihren Artgenossen getrennt sind. Je nach Charakter des Tieres ist es möglich, die Hengste in eine Wallach-Gruppe zu stellen. Da die Vierbeiner einen starken Sexualtrieb haben, wird sich dagegen entschieden, sie mit Stuten zusammenzustellen, da höchstwahrscheinlich unerwünschte Ergebnisse erzielt werden.

Bei Pferden, die eine Verletzungspause durchstehen, besteht die Hoffnung, diese nach dieser Zeit wieder in ihre vorherige Herde einzugliedern, allerdings besteht meistens die Angst auf eine verlangsamte Heilung auf demselben Auslauf.

Kapitel 5 –
Thema: Hufe

Kommen wir vorab zu einigen Tipps, um die Hufe des Pferdes zu pflegen.

Da trockene Hufe die Eigenschaft haben, hart und spröde zu sein, empfiehlt es sich hier, diese erst zu wässern, mit einem Handtuch zu trocknen und zuletzt mit einem Lorbeer- oder einem Rosmarinöl einzufetten.

Wenn Sie Ihrem Pferd etwas Gutes tun möchten, empfiehlt die FN entweder täglich oder mindestens zweimal die Woche eine Ting-Punkt-Massage. Die sogenannten Ting-Punkte sind die

Anfangs- und Endpunkte der Meridiane am Huf Ihres Pferdes. Schenken Sie dem fernöstlichen Menschen Glauben, sind die Meridiane die Kanäle, in denen das Qi, welches auch Lebensenergie genannt wird, fließt. Über die Akupunkturpunkte nimmt das Qi in jedem der zwölf Hauptmeridiane Kontakt mit der Umwelt auf. Dadurch kann das Qi beeinflusst werden. Die Ting-Punkte befinden sich in einem Saum, etwa einen Fingerbreit über dem Kronrand rund um den Huf. Wenn Sie jedes Bein massieren, wird das Hornwachstum angeregt. Ebenso wird den Hufen bei Erkrankungen geholfen und den Schmerzen des Tieres wird vorgebeugt. Die zu massierenden Punkte besitzen eine Fernwirkung, einige von ihnen sind wichtige Notfallpunkte.

HUFGESUNDHEIT

Damit sich Ihr Pferd langer Gesundheit erfreut, sind gesunde Hufe wichtig und definitiv kein Zufall.

Unsere Vierbeiner leiden manchmal an einem Hufgeschwür, welches zum einen durch das Eindringen von Fäulnis- oder Eiterbakterien in der

Hornkapsel entsteht, zum anderen kann ein Hufgeschwür aber auch durch heftige Traumatisierungen entstehen, wie beispielsweise das Schlagen oder Treten gegen die Boxenwand. Weiterhin kann das Reiten auf einem sehr steinigen Boden ebenfalls diese Erkrankung hervorrufen. Ein Hufgeschwür lässt sich ungefähr mit einer eitrigen Nagelbettentzündung bei uns Menschen vergleichen. Je nach der Tiefe wird zwischen dem oberflächlichen Hufgeschwür und dem tiefen Hufabszess unterschieden. Selbst durch die Farbe des Eiters lässt sich erkennen, um welche, der zwei Möglichkeiten es sich handelt. Bei dem oberflächlichen Hufgeschwür ist der Eiter gräulich bis schwarz und dünnflüssig. Bei einem tiefen Abszess färbt sich der Eiter gelb, ist zäh und besitzt einen äußerst intensiven Geruch.

Die Symptome, die die Pferde aufweisen, gehen von der mittleren bis hin zu einer hochgradigen Lahmheit. Da Pferde oftmals durch ihre vier Beine einen Vorteil haben, können sie durch Gewichtsverlagerungen auf drei Beine den verletzten Huf entlasten und somit ihre Gliedmaßen schonen. Bei Ihrer täglichen Aktion, Ihrem Pferd die Hufe auszukratzen, werden Sie feststellen, dass es eine vermehrte Wärme an dem betroffenen Huf gibt sowie eine stärkere Pulsation an der Mittelfußarterie besteht.

Zu der Behandlung lässt sich sagen, dass der Geschwürkanal zunächst mit einer Desinfektionslösung ausgespült wird. Danach wird mit einer Spritze, an der ein weicher und biegsamer Schlauch befestigt ist, solange gespült, bis alle vorhandenen Eiterreste beseitigt sind. Darauf sollten Sie zwingend achten, da es bei einer unkontrollierten Anwendung zu einer erneuten Infektion und somit zu erneuten Schmerzen bei Ihrem Tier kommen kann. Zuletzt wird der Abszess mit einer jodhaltigen Lösung behandelt und austamponiert, um einen eventuell auftretenden Huflederhautvorfall zu verhindern. Falls diese Schritte angewendet wurden, erfolgt nun ein trockener Hufverband oder der Schmied konstruiert ein Hufeisen mit einem abschraubbarem Deckel.

Um generell ein Hufgeschwür zu vermeiden, gehört das Auskratzen der Hufe zu einer Maßnahme Ihrerseits, um Ihrem Pferd diese Schmerzen zu ersparen.

HUFREHE

Die Hufrehe bei Pferden gehört zu einer der schmerzhaftesten Krankheiten. Hierbei handelt es sich um eine Entzündung in der Huflederhaut, die das Hufbein mit der Hornkapsel verbindet. In diesem Krankheitsbild schwillt die Hornkapsel an und zusätzlich wird die Blutzirkulation im Huf gestört.

Viele Tiermediziner gehen aufgrund falscher Fütterung von Hufrehe aus. Dennoch könnte Hufrehe als eine Begleiterscheinung von anderen Krankheitsbildern auftreten, zum Beispiel bei Diabetes oder anderen Stoffwechselstörungen, wie Cushing oder EMS. Ebenfalls ein Grund für Hufrehe könnten starker Stress oder Vergiftungen sein.

Die Bedingungen für das Futter müssen optimal sein. Pferde, die bereits an Hufrehe erkrankt sind, sollten weder Getreide noch Mais essen, da diese beiden Sorten als leicht verdauliche Kohlenhydrate eingestuft werden. Weiterhin sollten Sie bei einem an Hufrehe erkranktem Pferd auf große Mengen an Gras sowie auf Heu und Silage verzichten. Da unsere Vierbeiner keine Abfalleimer sind, sondern unsere Lebenspartner, geben Sie Ihrem Tier keine Küchen- oder Gartenabfälle, weder Schimmel noch Gift und kein stark gezuckertes Futter.

Als Erstmaßnahme Ihrerseits bei einem Auftreten von Hufrehe hilft ein sofortiges Kühlen der betroffenen Stelle. Des Weiteren sollten Sie immer einen Tierarzt konsultieren, der Ihrem Pferd neben den Schmerzmitteln teilweise auch blutverdünnende Medikamente wie Heparin oder ASS verabreicht. Dennoch wird durch den Mediziner der vordere Teil des Hufes angesägt, um den hinteren Teil zu erhöhen. Dadurch wird der Zug auf die Beugesehne abgefedert. Hierfür eignen sich unter anderem Hufschuhe oder ein Gipsverband.

Doch wie macht sich die Hufrehe bemerkbar? Wenn Ihr Pferd zuvor bei den Hufschmiedbesuchen entspannt war, wird es nun ungern den Huf geben. Bei dem Versuch, den Huf anzuheben, versucht das Pferd, sich gegen den Menschen zu lehnen. Im Schritt und im Trab lahmt das Pferd meist undeutlich, geht klemmig in der Vorderhand und wirkt auf vor allem harten Boden gebunden.

Wenn Sie frühzeitig entsprechende Maßnahmen getroffen haben, um Ihrem Pferd zu helfen, dauert der Heilungsprozess, selbstverständlich ist dies von Pferd zu Pferd unterschiedlich, dennoch in der Regel ein bis zwei Wochen.

Kapitel 6 – Pferdekrankheiten

EIN VIRUS GEHT UM

Sie kennen mit großer Wahrscheinlichkeit diese Erkrankung, die sowohl bei uns Menschen in Form von kleinen Bläschen an den betroffenen Körperstellen als auch bei Pferden in Form von anderen Symptomen auftreten kann.

Unsere Vierbeiner stecken sich direkt, also durch die Tröpfcheninfektion, an. Dies erfolgt durch Schnauben, Husten oder einen Ausfluss über die Nüstern. Die typischen Anzeichen eines Pferdes, welches an Herpes erkrankt ist, sind wie folgt: Fieber, Abgeschlagenheit, Leistungsminderung, tränende Augen, Atemwegsprobleme, geschwollene Lymphknoten im Kopf- und Halsbereich sowie ein Nasenausfluss.

Doch, was ist Herpes bei Pferden überhaupt?

Herpes, oder auch die Herpesvirus-Infektionen – EHV-1 bis EHV-5 – ist eine Herpeserkrankung bei Jungpferden, bei der das Virus in dem Körper der Tiere bleibt und sich in bestimmten Zellen versteckt. Durch Stress und andere Belastungen werden erneute Erkrankungen hervorgerufen. Der beste Schutz sind ein gutes Immunsystem sowie gute Haltungsbedingungen, da sich beides positiv auf den Gesundheitszustand des Pferdes auswirkt. Eine umstrittene Möglichkeit, diese Infektion zu umgehen, ist die vorbeugende Impfung gegen Herpes.

Um auf diese Möglichkeit genauer einzugehen, werfen wir einen Blick auf die Aussage der FN. Denn laut dieser ist die Herpes-Impfung weder in Deutschland noch auf internationalen Turnieren eine Pflichtimpfung bei Pferden. Dennoch wird die Impfung von der Veterinärmedizin und der FN für alle Pferde empfohlen. Ab dem Jahresbeginn von 2023 tritt die Impfpflicht ein und somit muss jedes Pferd, welches an einer Turnierveranstaltung gemäß einer LPO teilnimmt, gegen EHV-1 geimpft sein.

Falls ein Pferd gegen das Herpesvirus geimpft wird, werden die ersten beiden Impfungen jeweils in einem Abstand zwischen vier bis acht Wochen verabreicht. Die dritte Impfung erfolgt anschließend nach sechs Monaten. Die anstehenden Wiederholungsimpfungen müssen alle sechs Monate durchgeführt werden.

Da es wie bei fast jeder Impfung bestimmte Nebenwirkungen gibt und sich diese bereits klar gezeigt haben, verzichten sogar Züchter auf die Herpes-Impfung ihrer Stuten, da es häufiger zu Komplikationen infolge der Impfung kam. Es können zudem leichtes Fieber über ein bis zwei Tage sowie eine Schwellung an der Injektionsstelle eintreten. Schonen Sie Ihr Pferd definitiv so lange, bis die Beschwerden abgeklungen sind.

Was Sie selbst tun können, wenn Ihr Pferd an dem Virus erkrankt ist, lesen Sie hier:

Da es keine spezifische Heilung gibt, achten Sie auf die Hygiene im Stall sowie bei der Haltung. Vermeiden Sie unnötige Belastungen bei erkrankten Pferden und achten Sie auf eine staubfreie Fütterung, um den Atemtrakt nicht unnötig zu belasten. Sie können durch Heilkräuter wie Thymian, Salbei und Spitzwegerich gegen die Entzündungen vorgehen und den Auswurf fördern. Lassen Sie Ihr Pferd mit Kamillenblüten inhalieren. Dies hilft bei dem Lösen und Auswerfen des Schleims. Leidet Ihr Pferd an Husten, verwenden Sie Bachblüten. Somit stärken Sie zusätzlich die Abwehr Ihres Tieres.

KOLIK BEIM PFERD

Mit dem Ausdruck Kolik wird ein Zustand des Pferdes bezeichnet, bei dem das Tier durch Erkrankungen in der Bauchhöhle von Schmerzen und Unbehagen überfüllt ist. Obwohl überwiegend der Magen-Darm-Trakt betroffen ist, kann die Ursache sowohl in dem Bereich der Harnorgane als auch in dem Inneren der Geschlechtsorgane liegen.

Wenn Ihr Pferd unter einer Kolik leidet, rufen Sie umgehend den Tierarzt. Führen Sie Ihr Pferd, da das Laufen beruhigt und sich positiv auf den Magen-Darm-Trakt auswirkt. Sprechen Sie mit Ihrem Pferd, es wird sich beruhigen, wenn Sie ebenfalls ehrlich ruhig sind. Wenn Ihr Pferd liegt, lassen Sie es liegen, bis das Tier aus eigener Macht aufsteht. Holen Sie Ihren Vierbeiner aus der Box. Wenn die Möglichkeit besteht, lassen Sie Ihr Pferd sich wälzen. Dies kann ebenfalls dazu führen, dass sich der Darm beruhigt.

Wir alle wissen, dass Wärme hilft. Nicht nur uns Menschen, sondern auch unseren vierbeinigen Freunden. Sie können aus einem alten Duschhandtuch und warmen Wasser einen Bauchwickel herstellen. Legen Sie Ihrem Pferd das ausgewrungene Handtuch um den Bauch und befestigen Sie es mit einem Deckengurt, Klebeband oder einer Mullbinde. Um eine Alternative anzuwenden, benutzen Sie den Notfallpunkt, der sich in der Ohrspitze des Pferdes versteckt.

Legen Sie die Hand um das Ohr und streichen Sie sanft, dennoch mit etwas Druck, mit Ihrem Daumen von unten nach oben. Ein weiterer Akupressur-Punkt, der Ihrem Pferd helfen wird, ist der Ma36, auch Meisterpunkt des Verdauungstraktes genannt. Dieser befindet sich an der Außenseite des Hinterbeins, etwa eine Handbreite unterhalb des Knies. Wenn Sie seitlich neben Ihrem Pferd stehen, legen Sie die linke Hand unterhalb der Kniescheibe mit dem Finger nach oben, sodass der

Daumen auf eine kleine Mulde zeigt. Der Punkt Ma2 liegt circa drei bis vier Fingerbreit rechts und links neben dem Nabel. Massieren Sie zuerst mit einem Strohwisch den Unterbauch. Kreisend im Uhrzeigersinn massiert Ihre rechte Hand rund um den Nabel.

Sollte Ihr Pferd kolikempfindlich sein, füttern Sie zuerst ausschließlich Raufutter und erst nach zehn bis fünfzehn Minuten das Kraftfutter. Gewöhnen Sie Ihr Pferd im Frühling vorsichtig an das neue Gras und geben Sie bitterstoffhaltige Heilkräuter dazu. Wenn die Weide abgefressen ist, füttern Sie ergänzend gutes Heu.

MAUKE

Mauke ist eine der häufigsten Krankheiten bei Pferden. Um es direkt vorwegzunehmen, Mauke ist weder lebensgefährlich noch ansteckend und die Krankheit verläuft nicht chronisch. Da aber Hautreizungen verursacht werden und es zu einem Juckreiz führt, der Lähmungserscheinungen hervorruft, kann es zu Folgeerkrankungen führen.

Es gibt, wie bei vielen Themen rund um das Pferd, verschiedene Meinungen, Heilmittel und Ansichten.

Viele Tierhalter denken, dass Mauke ausschließlich bei Pferden mit viel Behang, beispielsweise Kaltblütern, auftritt. Allerdings kann diese Pferdekrankheit verschiedene Ursachen haben und tritt vor allem nicht nur bei Pferden mit einem starken Behang auf.

Als die verbreitetsten Ursachen für Mauke gelte heute noch die mangelnde Boden- und Fellhygiene, übertriebene Pflege, unangebrachte Fütterung sowie Nährstoffmangel, ein geschwächtes Immunsystem sowie die Infektionen mit Pilzen, Bakterien und Parasiten.

Um eine mangelnde Bodenhygiene auszuschließen, stellen Sie Ihr Pferd in eine saubere und trockene Box mit Stroh, die jeden Tag gemistet wird. Achten Sie auf den Auslauf, dieser sollte nicht matschig sein. So wird die Haut des Tieres an den Fesselbeugen nicht gereizt und zudem vor Feuchtigkeit und Schmutz geschützt. Lassen Sie sich in einem Reitsportgeschäft von Experten für ein optimales Futter für Ihr Pferd beraten. Der Protein- und Stärkeanteil sollte gesenkt werden.

Damit Ihr Pferd dennoch genügend Eiweißquellen bekommt, können Sie Grassilage und Hafer füttern. Achten Sie zusätzlich auf den Weidegang, da es dort zu einer unkontrollierten und überhöhten Eiweißzufuhr kommen kann. Besitzt Ihr Pferd erhöhten Behang an den Beinen, kürzen Sie diesen und reinigen Sie diesen. Falls sich bereits Krusten gebildet haben, entfernen Sie diese ebenfalls. Kontaktieren Sie in jedem Fall einen Tierarzt.

Mauke tritt in Stadien auf. Hier ein Überblick, in welche Stadien es laut dem Cadmos Verlag GmbH 2002/2007, S. 19 aufgeteilt wird:

1. Stadium: Die Haut in der Fesselbeuge Ihres Pferdes ist leicht gerötet.

2. Stadium: Die Haut in der Fesselbeuge Ihres Pferdes fühlt sich verdickt und warm an.

3. Stadium: Die Haut in der Fesselbeuge Ihres Pferdes ist oberflächlich offen und es entsteht Wundsekret oder Krusten.

4. Stadium: Die Haut in der Fesselbeuge Ihres Pferdes weist schmierige Wundbeläge und schmerzhafte Knötchen auf.

5. Stadium: Die Haut in der Fesselbeuge Ihres Pferdes ist von Wucherungen übersät, die Mauke ist bereits chronisch.

Um die betroffenen Stellen zu pflegen, eignet sich im Sommer das Waschen Ihres Pferdes. Um die Mauke zu desinfizieren, benutzen Sie eine Jodseife. Waschen Sie diese gut aus, falls es die Wetterbedingungen nicht zulassen, dass Ihr Tier von selbst trocknet, helfen Sie mit einem sauberen Handtuch nach und cremen Sie die Mauke mit einer Zinksalbe ein. Diese hilft dabei, die Stellen trocken zu halten.

CPL (CHRONISCH PROGRESSIVES LYMPHÖDEM)

Das chronisch progressive Lymphödem, kurz CPL, ist ein unheilbares Leiden, welches möglicherweise genetisch bedingt ist und das Lymphsystem und die elastische Funktion der Haut angreift.

CPL wurde lange mit der Warzenmauke gleichgesetzt, doch neue Studien belegen, dass es zwei verschiedene Krankheiten sind. Vermehrt treten diese bei Kaltblütern auf. Bei CPL kommt es zu einer Ansammlung von Lymphflüssigkeit in der Haut sowie in der Unterhaut, was wiederum zu einer Unterversorgung der Zellen von Sauerstoff führt. Es kommt zu Einlagerungen des Bindegewebes und Zubildung. Auf die Umbauvorgänge in der Haut, welche kontinuierlich fortschreiten, folgt eine verminderte Abwehr der Haut gegenüber den Infektionen mit Bakterien und dem Milbenbefall. Dadurch führt CPL zu einem Juckreiz, der sich durch das Kratzen und das Schlagen auf den Boden verschlimmert. Pferde, die an einem fortgeschrittenem CPL leiden, zeigen ein verschlechtertes Hufhorn auf, welches sich als rissiges und sprödes Horn äußert und Wachstumsstörungen vorweist. Die Folge davon ist Hufkrebs. Davon betroffene Tiere benötigen eine lebenslange, sehr arbeitsintensive Therapie und Pflege.

Die Gründe, weshalb CPL erst später bekannt wurde, sind folgende:

1. Da Pferde, vor allem Kaltblüter, früher als Arbeitstiere auf dem Acker eingesetzt wurden und nach einigen Jahren nicht mehr vollständig ihre Arbeit ausführen konnten, wurden sie zu einem

Schlachter gebracht. In der damaligen Zeit spielten CPL und weitere Krankheiten keine bedeutsame Rolle, da der Hauptgrund darin lag, Fleisch zu produzieren.

2. Pferde wurden von dem damaligen Arbeitstier zu einem Freizeitpartner umgestellt. Durch die Überzüchtung vieler Rassen treten häufiger Krankheiten auf.

CPL ist eine multifaktorielle Erkrankung, bei der ähnlich wie bei Mauke viele Faktoren aufeinandertreffen.

Quelle: Instagram/ms_lemmi/CPL

STRAHLFÄULE

Die Strahlfäule ist eine bekannte Erkrankung bei Huftieren, vor allem tritt sie bei Pferden auf. Das weiche Strahlhorn des Hufes wird durch die Fäulnisbakterien zersetzt. Die Ursache lässt sich in den Haltungsbedingungen sowie der mangelnden Hufpflege darstellen.

Die Strahlfäule lässt sich bei Pferden anhand eines fauligen Geruchs erkennen. Wenn Sie Ihrem Pferd die Hufe auskratzen, tritt eine dunkle

Flüssigkeit aus dem Hufstrahl heraus. In dem Strahl des Hufes bilden sich Hohlräume und Ritzen aus. Das Hufhorn ist sehr weich und löst sich. Da der Hufmechanismus durch die Strahlfäule nicht vollständig funktioniert, tritt Lahmheit bei Ihrem Pferd auf.

Um genauer auf die Ursachen einzugehen, ist Bodenhygiene ein wichtiger Bestandteil zu der Gesunderhaltung des Pferdes. Durch eine nicht ausgemistete Box führt der nasse oder feuchte Untergrund, der sich aus Kot und Urin bildet, einen idealen Nährboden für Bakterien. Ebenfalls sorgen unausgekratzte Hufe dafür, dass sich eine Strahlfäule bildet. Die Hufe Ihres Pferdes sollten mindestens einmal am Tag mit einem Hufauskratzer gereinigt werden. Die gründliche Reinigung ist ein wichtiger Bestandteil in dem Pferdealltag, da sonst schnell bestimmte Bereiche in dem Huf entstehen, die sauerstoffarm sind.

Ebenfalls können eine fehlende Tätigkeit des Schmieds oder sogar der falsche Hufbeschlag und deren Bearbeitung ein Täter für die Strahlfäule sein. Schneidet der Hufschmied die Hufe des Pferdes unregelmäßig mit dem Hufmesser aus, bilden sich Areale im Huf, die von der Luftzufuhr abgeschnitten werden. Besteht durch den Hufbeschlag zu viel Druck auf den Strahl des Hufes, gelangt ebenso kein Sauerstoff hinein und die Strahlfäule wird begünstigt. Durch einen Zinkmangel Ihres Pferdes kann sich die Strahlfäule sowohl daraus entwickeln als auch durch eine Störung einer schlechten Verhornung des Hufes. Als letzte Ursache wird hier die fehlende Bewegung aufgezählt. Dadurch kommt der Hufmechanismus zu kurz, das Gewebe wird zu gering durchblutet und somit ist die Produktion eines hochwertigen Hufhornes gedrosselt.

Nachdem Sie die genannten Ursachen ausschließen können, holen Sie sich einen Tierarzt zur Hand und lassen Sie die Stellen mit Medikamenten antibakteriell behandeln.

ARTHROSE

Die Arthrose gilt bei Pferden als die häufigste aller Gelenkkrankheiten. Was mit einem Knorpelschwund beginnt, endet mit einem Übereinanderschaben der Knochen. Da der Körper das Gelenk stabilisieren möchte, reagiert dieser mit einer zusätzlichen Knochensubstanz.

Die Arthrose bei Pferden gilt somit als gefürchtet und ist in der heutigen Zeit nicht heilbar. Die Krankheit tritt meist bei älteren Tieren auf, da deren Gelenke in ihren Lebensjahren deutlich mehr belastet wurden.

Die Ursachen sind vielfältig. Es können beispielsweise Gelenkentzündungen sein, die unzureichend behandelt wurden, allerdings führen auch Verletzungen in dem gesamten Bewegungsapparat des Pferdes zu dieser Krankheit. Dazu gehören sowohl Knochenbrüche als auch Bänderrisse, die zu einer Überlastung der Gelenke führen. Da Jungpferde in der heutigen Zeit einer frühen Belastung durch das Einreiten von knapp drei Jahren ausgesetzt werden, schleichen sich schneller die Gelenkerkrankungen ein. Ebenso begünstigt das Übergewicht des Pferdes die Belastung der Gelenke und führt zu einer Arthrose.

Pferde, die an dieser Krankheit leiden, weisen schwammige, geschwollene und heiße Gelenke auf. Sie sind bewegungseingeschränkt und steif. Während des gesamten Entzündungsprozesses lahmt das Pferd und benötigt bei einer Einheit mehrere Minuten, um sich einzulaufen. Da Arthrose Schmerzen mit sich bringt, kann es passieren, dass sich das Pferd weigert, sich zu bewegen. Es treten ein häufiges Stolpern und unpassende Bewegungen auf, die nicht in den normalen Bewegungsablauf hineinpassen.

Um eine passende Therapie zu finden, lohnt sich ebenfalls hier der Rat und Besuch eines Tierarztes. Dieser beobachtet das Pferd in seinem gesamten Bewegungsablauf und stellt fest, welche Gelenke betroffen sind. Dadurch können sie untersucht und abgetastet werden. In den meisten Fällen steht eine Beugeprobe an, bei der ein Schmerz in dem betroffenen Gelenk provoziert wird. Somit kann der Veterinärmediziner genau erkennen, wo die krankhaften und schmerzenden Veränderungen vorliegen. Eine endgültige Sicherheit über das Krankheitsbild liefern dennoch ausschließlich Röntgenbildaufnahmen und eine sogenannte Arthroskopie, auch bekannt als Gelenkspiegelung.

Falls sich der Verdacht bestätigt, dass das Tier unter einer Arthrose leidet, gibt es Therapieansätze durch den Tierarzt. Es werden starke Entzündungshemmer, eine künstliche Gelenkschmiere und in Infektionsfällen eine Antibiose eingesetzt, um zu der Regeneration der

Knorpelschicht beizutragen. Ebenfalls wird der Entzündungsprozess gestoppt und die Konsistenz der Gelenkschmiere verbessert. Dies gelingt ausschließlich dann, wenn das Pferd sowohl geschont als auch im Anschluss vorsichtig wieder aufgebaut wird. In besonders schweren Fällen, bei der bereits eine Versteifung der Gelenke vorhanden ist, greifen Mediziner zu der operativen Methode.

Wie bei den meisten anderen Pferdekrankheiten gibt es eine alternative Therapie, die zu einer Schmerzlinderung führen kann und das Wohlbefinden des Pferdes steigert. Hierzu zählt die Akupunktur. Da durch die bessere Durchblutung des Gewebes erleichtert wird, aktiviert dieser Therapieansatz den Heilungsprozess. Als zweiten Punkt gibt es die gezielte Fütterung Ihres Tieres. Der Verlauf der Arthrose kann durch hochwertige Öle, wie beispielsweise Leinöl, nachhaltig beeinflusst werden.

Des Weiteren können Omega-3-Fettsäuren aus der neuseeländischen Grünlippmuschel einen positiven Effekt auf Entzündungen in den Gelenken haben. Ebenso werden Vitamin C sowie Vitamin E, Zink und Selen empfohlen. Dass Kräuter eine positive Wirkung haben, wird hier nicht abgestritten, denn sie können auf die natürliche Weise die Entzündung in den Gelenken mildern. Die Schmerzen werden gelindert, die Durchblutung verbessert und der Abtransport von Giftstoffen wird gefördert. Zu den gut verträglichen Gelenkkräutern zählen unter anderem: Weidenrinde, Teufelskralle, Beinwell, Goldrute, Ingwer und Ulmenspierkraut.

Um den Alltag Ihres Pferdes angenehm zu gestalten, achten Sie auf der Weide auf einen schützenden und vor allem trockenen Unterstand bei einem nasskalten Wetter. Ist Ihr Pferd bereits älter und somit anfälliger für die Arthrose, achten Sie auf Artgenossen, die ebenfalls friedlich und sozial sind, damit es nicht von Jungpferden gejagt wird. Da kranke Pferde ihren Platz und vor allem ihre Ruhe brauchen, achten Sie darauf, dass Ihr Pferd nachts allein in seiner Box steht. Denken Sie daran, weiche Einstreu zu verwenden. Dies können beispielsweise Strohpellets sein. Zuletzt achten Sie auf eine angenehme Aufwärmphase für Ihr Pferd. Diese sollte in der Regel zwischen zehn und fünfzehn Minuten dauern. Vermeiden Sie zur Gelenkschonung abrupte Wendungen sowie enge

Richtungswechsel und nach Möglichkeit die Arbeit mit Sprüngen.

EKZEM

Das sogenannte Sommerekzem ist für das Pferd in der warmen Jahreszeit eine große Belastung. Der starke Juckreiz, der durch eine allergische Reaktion gegen bestimmte Stoffe in dem Speichel durch die Insekten ausgelöst wird, ist für die Tiere höchst unangenehm. Durch die Kettenreaktion tritt ein Scheuern auf, welches zu einem starken Fellverlust führen kann oder schwere Hautinfektionen mit sich bringt. Die auftretenden Stellen sind insbesondere Körperstellen mit senkrechter Behaarung, beispielsweise auf der Schweifrübe, an der Bauchnaht und am Mähnenkamm. Dennoch ist ebenfalls der Kopf, vor allem die Augenpartie, die Stirn und das Kinn häufig betroffen. Grundsätzlich können alle Rassen von dieser Krankheit betroffen sein. Dennoch zeigen sich die meisten Auftritte des Ekzems bei Islandpferden, Haflingern, Friesen, Norwegern und Shetlandponys.

Um ein Ekzem früh zu erkennen, sind deshalb eine gründliche Vorbeugung sowie eine rechtzeitige Behandlung ein Muss. Hierbei ist eine typische Ursache der allseits bekannte Mangel an Bewegung. Die Symptome, welche direkt nach dem Stich eines Insektes auftreten, liegen der Allergie zugrunde und es entwickeln sich gerötete Pusteln. Die betroffenen Pferde scheuern sich zunehmend an Zäunen oder Baumrinden. Durch diese Reibung an den rauen und harten Oberflächen entstehen Schäden am Fell und die Haare können abbrechen und ausfallen. In den schweren Fällen kann es zu offenen und nassen Wunden kommen, die sich sowohl entzünden als auch bluten sowie eitern können. Zudem zeigen die betroffenen Pferde ein unruhiges Verhalten.

Durch die korrekte Vorbeugung kann das Sommerekzem bei den Pferden vermieden oder der Schweregrad der allergischen Reaktion beeinflusst werden. Da sich die Stechmücken am liebsten in windstillen und wasserreichen Gebieten ihre Larven absetzen, sollten Sie die Ausritte und Weidegänge in diesen Bereichen ausschließlich tagsüber abhalten. Am Abend und in der Nacht empfiehlt sich bei Ekzemer-Pferden eine Box. Ebenso gibt es speziell angefertigte Ekzemerdecken aus Kunstfasern, die Schutz vor diesen Insekten bieten.

Ist Ihr Pferd an einem Ekzem erkrankt, achten Sie auf eine korrekte Pflege der Haut sowie des Fells. Bestimmte Pflegesortimente sind auf die Behandlung des Krankheitsbildes angepasst. Diese sind frei von Cortison und Antibiotika und gut verträglich.

Kapitel 7 – Hilfszügel

Hilfszügel im Allgemeinen betrachtet sind dafür gemacht, dem Pferd zu helfen. Zumindest in der Theorie. Das Pferd soll somit lernen, den Weg in die Tiefe zu finden, dem Zügel zu vertrauen, den Rücken aufzuwölben und vorwärts/abwärts zu laufen. Gehen wir der Theorie nach, wären bei einem gut ausgebildeten Pferd keine Hilfszügel mehr nötig und wenn, dann nur für eine bestimmte Zeit. Allerdings wird bei vielen Pferden der Hilfszügel dauerhaft angewendet, was schwerwiegende Folgen haben kann. Denn, sobald die Hilfszügel entfernt werden, denken viele Reiter an die Schneidezähne ihres Pferdes. Das Pferd hat durch diese Hilfsmittel nicht gelernt, in Selbsthaltung zu laufen, weil es durch den unnachgiebigen Hilfszügel gelernt hat, der späteren Reiterhand nicht zu vertrauen. Da die Hilfszügel fixiert sind, wird dem Pferd eine unnatürliche Haltung aufgezwungen. Die Liste der Folgen ist lang.

Es kommt zu Verspannungen, einer Zügellahmheit bis hin zu einer Arthrose in der Halswirbelsäule und Entzündungen in dem Genick. Der falsche Knick prägt sich weiter aus und sowohl der Rückenmuskel als auch das Nackenband werden überdehnt. Die Muskeln wachsen durch das An- und Abspannen. Die angespannte Muskulatur sorgt für eine dauerhafte Übersäuerung und es kommt zu einer Verhärtung. Im Folgenden zählen wir Ihnen sieben Arten von Hilfszügeln auf.

DER SCHLAUFZÜGEL – EINE HILFLOSE KORREKTUR

Der Erfinder, welcher für eine brutale Reiterei bekannt war, trägt den Namen William Cavendish.

Er selbst verschnallte die Schlaufzügel jedoch nicht an dem Gebiss, sondern an dem Cavecon, um das Pferdemaul zu schonen. Nach seinem Leitfaden sollten die Pferde in kürzester Zeit die höchsten Lektionen ausführen.

Doch, was ist der Schlaufzügel überhaupt? Als Schlaufzügel bezeichnet die Wissenschaft zwei Lederriemen mit einer Länge von 2,75 Metern. Eine Verwandtschaft trägt er mit den Dreieckszügeln. Der Unterschied zwischen diesen beiden Methoden liegt darin, dass die Enden des Schlaufzügels in der Reiterhand enden. Bei der Verschnallung achten viele Pferdebesitzer darauf, dass sie möglichst tief sind. Die beiden Riemen verlaufen zwischen den Vorderbeinen bis zu dem Gebiss und werden von innen nach außen durch die Gebissringe geführt. Die Zugrichtung bei der Einwirkung ist so, dass der Kopf des Pferdes nach unten und hinten geht, in Richtung der Brust. Durch diese Verschnallung entsteht eine lose und eine feste Umlenkrolle und führt zu dem sogenannten Flaschenzug, der die ankommende Kraft auf den Zügel verdoppelt.

Die entstandenen Druckspitzen bis hin zu 100 Kilogramm wirken auf das Genick und das

Pferdemaul ein. Dieser Schlaufzügel wird angewendet, um dem Pferd das Entziehen nach oben
zu rauben. Das Problem, das das Pferd durch dieses Hilfsmittel hat, wird jedoch nicht gelöst, sondern verstärkt, und es sollte die Ursache des Tuns
herausgefunden werden, statt darüber hinweg zu
trainieren. Da sich das Pferd nun einrollt und somit hinter der Senkrechten läuft, landet es in dem
falschen Knick und verliert das Vertrauen gegenüber den Zügelhilfen. Betrachten wir das gesundheitliche Risiko gegenüber den Vierbeinern, wird
vieles deutlich.

Durch die meist zu enge Verschnallung wird
das Nackenband überdehnt, wodurch eine Ge-
nickbeule entstehen kann. Das Pferd drückt gegen
den Schlaufzügel, auf Dauer prägt sich ein starker
Unterhals aus. Die einhergehenden Verknöche-
rungen entstehen in dem kurzen Halsstrecker und
an dem Ansatz des Nacken-Rückenbandes. Weiterhin kann sich eine Arthrose in der Halswirbelsäule oder Kissing Spines bilden. Darüber hinaus
können die Zähne ebenfalls in Mitleidenschaft gezogen werden. Da sich bei dem Grasen der Unter-
kiefer leicht nach vorn schiebt und sich der Kiefer
bei einem natürlichen Kauen in verschiedene

Richtungen bewegt, werden die Zähne gleichmäßig abgenutzt. Das sogenannte Sägezahngebiss entsteht, wenn das Pferd auf eine längere Zeit gesehen, in derselben Halshaltung laufen muss und es aufgrund von Schmerzen im Maul auf den Zähnen anfängt zu knirschen.

Ingrid Klimke zu Schlafzügeln: „Mit Schlaufzügeln kann sich das Pferd nur festziehen und das Schlimmste bei den Schlaufzügeln ist, dass es die falsche Muskulatur des Pferdes ausprägt."

Achten Sie bei Ihrem Pferd darauf, dass die Muskeln, die gebraucht werden, oben an dem Hals sind. Der Unterhals sollte dabei entspannt sein, damit sich die oberen Muskeln weiter ausbreiten können.

DER THIEDEMANNZÜGEL – KÖHLERZÜGEL

Diese Art von Hilfszügel bezeichnet der Reitsport als Springkombination und er wird in dieser Sparte verwendet. Es gibt sowohl Parallelen zu dem Martingal als auch zu dem Schlaufzügel. Korrekt eingestellt wirkt er, wenn das Pferd den Kopf zu weit nach vorn oder nach oben nimmt. Diese

Wirkung entspricht derselben wie bei dem Schlaufzügel.

Wenn ein Thiedemannzügel seinen Einsatz hat, wird ein spezieller Zügel mit Ringen in dem vorderen Bereich verwendet. Der eigentliche Hilfszügel besteht aus einem Lederriemen, der sich um den Hals befindet. Von dem Sattelgurt ausgehend, befindet sich ein Riemen, der zwischen den Vorderbeinen nach vorn, durch den Halsriemen hindurchgeht und sich zuletzt gabelt. Das Zügelpaar wird anschließend links und rechts durch die Gebissringe und an einem der Ringe des Zügels befestigt.

Der Unterschied zu dem Schlaufzügel ist folgender: Der Reiter hat bei dem Original zwei Zügel in der Hand, hier nur einen. Korrekt angewendet soll der Thiedemannzügel nur wirken, wenn sich das Pferd entziehen will. Wenn das Tier in einer korrekten Haltung läuft, muss der Thiedemann vorn an der Brust des Pferdes leicht durchhängen. Steht dieser unter einer Spannung, wirkt er kraftverstärkend auf das Pferdemaul ein und verdoppelt somit die Kräfte, die der Reiter ausübt. Da der Thiedemannzügel zu den scharfen

Hilfszügeln zählt, wird dieser gern als Korrektur-
zügel bezeichnet.

DAS CHAMBON, GOGUE UND DIE EQUILONGE

Diese Art von Hilfszügeln bestehen aus einem
Seil, dem Genickstück und teilweise den Stoßzü-
geln. Bei dem Chambon besteht die Möglichkeit,
dass das Ende nicht an dem Gebissring, sondern
an dem Gebiss- oder Nasenriemen verschnallt ist.
Auch hier entsteht ein Zug nach oben auf die
Maulwinkel des Tieres. Laut dem Reitsport soll
das Pferd hier lernen, sich vorwärts abwärts zu
dehnen und mit der Hinterhand aktiv unterzutre-
ten. Dennoch findet weder eine seitliche Stabilität
noch eine stetige Anlehnung statt.

Das Gogue erzeugt zusätzlich eine Hebelwir-
kung. Der Stoßzügel wird unter der Kehle des
Pferdes in den Mittelteil des Seiles eingehakt. Die
Länge des Chambons wird über den Stoßzügel re-
guliert. Alle drei gemeinsam wirken ausgeprägt
auf das Genick ein. Der teilweise integrierte Stoßzügel soll verhindern, dass das Pferd den Kopf zu
hoch nimmt und den Rücken wegdrückt. Dadurch

erfolgt eine Kompensationshaltung und ein falsches Aufwölben des Rückens.

DIE LONGIERHILFE (STRICKAUSBINDER) UND DIE PESSOA-LONGIERHILFE

Die Longierhilfe besteht aus einem Baumwollseil, das direkt über den Rücken des Pferdes, ohne Unterlage, und zwischen den Vorderbeinen hindurch zu dem Gebiss verläuft. Dieser Hilfszügel soll das Pferd dazu animieren, vorwärts abwärts zu laufen, und nur dann einwirken, wenn das Pferd seinen Kopf heben möchte. Hierbei drückt das Seil punktuell auf den Rücken des Pferdes, welches durch den Schmerzreiz den Kopf nach unten nimmt. Durch die vielseitige Bewegung des Pferdes reibt der über den Rücken verlaufene Strick wie eine Säge hin und her. Hierbei besteht die Gefahr, dass das Pferd sich aufreibt. Ein Teufelskreis, wenn man bedenkt, dass sich das Pferd durch den ausgelösten Schmerz entziehen möchte, der aber wiederum den Schmerz auf den Rücken verstärkt.

DAS MARTINGAL

Das Martingal ist der einzig erlaubte Hilfszügel in Springpferdeprüfungen. Es besteht aus einem Riemen, der sich gabelt und jeweils in einem Ring endet, um jeweils an den beiden Seiten einen Zügel einzufädeln. Bei einer normalen Kopfhaltung des Pferdes hat das Martingal, wenn es korrekt verschnallt ist, keine Wirkung. Erst, wenn sich das Pferd den Reiterhilfen entzieht und den Kopf nach oben zieht, wirkt das Martingal mit einem Zug nach unten auf den Zügel ein.

Es entsteht ein Hebel, der das Gebiss schmerzhaft auf die Lade und die Zunge drückt. Dabei versucht das Pferd, sich mehr zu entziehen, und gibt durch den Schmerz ruckartig nach. Somit erlangt der Reiter mit seinen Zügelhilfen erneut die Kontrolle über das Pferd.

Für viele Reiter ist diese Art von Hilfszügel die letzte Sicherheit bei durchgehenden Pferden im Gelände. Eine nachvollziehbare Angst, an der jeder Reiter zuerst an sich selbst arbeiten sollte. Die Angst wird zu einem ständigen Begleiter und ein durchgehendes Pferd kann nicht nur dem Reiter schaden, sondern sich selbst und anderen Individuen.

Auch wenn, wie eben beschrieben, dieser Hilfszügel nicht permanent auf das Pferd einwirkt, sollten Sie darauf hinarbeiten, auf diese Hilfe zu verzichten. Wird Ihr Pferd heiß beim Springen, mangelt es meist an der Durchlässigkeit und der Dressurarbeit. Reißt das Pferd den Kopf aufgrund der groben Zügelhilfen nach oben, reflektieren Sie zuerst sich selbst.

DER DREIECKSZÜGEL (WIENER) UND DER LAUFFERZÜGEL

Der sogenannte Dreiecker wird, wie der Ausbinder, meist bei den Reitanfängern und bei dem Longieren verwendet. Er besteht aus einem 250 Zentimeter langen Lederriemen und ist mit dem Schlaufzügel verwandt. Der Unterschied liegt darin, dass das Ende des Dreieckers nicht in der Reiterhand liegt, sondern an dem Gurt des Pferdes verschnallt ist. Er wird zwischen den Vorderbeinen entlang, durch die Gebissringe und wieder zurück zu dem Sattelgurt verschnallt. Dadurch entsteht an dem Gebiss eine Umlenkrolle. Wenn der

Teil des Hilfszügels, der durch das Gebiss führt, aus einem Seil besteht, kann dieser besser durch die Gebissringe der Trense gleiten. Der Dreieckszügel dient dem Pferd dazu, den Kopf und den Hals fallen zu lassen, ohne dass es sich auf das Gebiss legt. Der Reiter soll dadurch mehr Handlungsmöglichkeiten mit dem Zügel erhalten und dem Pferd gewährt der Dreieckszügel mehr Bewegungsfreiheit als der Ausbindezügel.

Der Laufferzügel besteht aus zwei Zügelpaaren, wodurch ebenso eine seitliche Verschnallung möglich ist, die nicht durch die Vorderbeine führt. Dadurch erhält das Pferd eine seitliche Begrenzung und ihm wird ermöglicht, den Kopf höher zu tragen.

Das Problem bei den beiden Hilfszügeln ist dennoch folgendes: Das Pferd kann sich zwar vorwärts abwärts bewegen, kommt allerdings dabei mit dem Kopf zu tief und landet infolgedessen auf der Vorhand. Das Tier gerät dabei hinter den Zügel, damit es dem Zug auf das Maul entgehen kann. Durch das Eigengewicht und die Bewegung des Pferdes wirken die beiden Zügel negativ auf das Pferdemaul.

DER AUSBINDEZÜGEL

Der Ausbindezügel ist einer der bekanntesten Hilfszügel in der Reiterwelt. Er wird zudem als Ausbinder bezeichnet. Häufig wird dieser sowohl für Reitanfänger als auch für das Longieren verwendet. Dafür verlaufen zwei Lederriemen waagerecht von dem Gebissring zu dem Sattelgurt, womit sie sich auf der Höhe des Buggelenks befinden. Teilweise wird ein Gummiring eingearbeitet, um der Theorie nach einer federnden Reiterhand zu imitieren. Bei Ausbindern ohne diesen Ring heißt es, das Pferd könnte sich so besser von dem Hilfszügel abstoßen. Die Realität und somit die Praxis des Ausbinders sehen jedoch anders aus, denn mechanisch gesehen, bringen sie den Pferdehals in eine bestimmte Haltung und fixieren diesen dort.

Normalerweise nutzt das Pferd seinen Hals als praktische Balancierstange, um sein Gleichgewicht zu halten. Die fixen Hilfszügel schränken diese Funktion massiv ein. Aus diesem Grund sollten Sie die Ausbinder bei ihrem wöchentlichen Stangen- oder Cavaletti-Training weglassen. Wenn das Pferd stolpert, stürzt es im schlimmsten

Fall, ohne die Möglichkeit zu haben, sich aufzufangen. Erschreckt sich das Pferd, kann es sich bei dem Steigen überschlagen. Die Pferde müssen die Dysbalance des Reitanfängers kompensieren. Dies wird jedoch mit dem Ausbinder und anderen Hilfszügeln verhindert.

Mit dem Argument, welches viele Reitschulen bringen, dass die Reitanfänger so das Aussitzen auf dem Pferd besser erlernen, ist trügerisch. Meist werden in den Reitschulen zu kleine Kinder auf zu große Pferde gesetzt und sind mit dem Schwung dieser sichtlich überfordert. Wenn das Pferd den Kopf hinunterzieht, heißt es nicht, dass es den Rücken aufwölbt. Was die Reiter spüren, ist ein überspanntes Nackenband, das von dem Hinterkopf des Pferdes bis hin zu dem Kreuzbein zieht.

Der Ausbindezügel kann keine nachgebende und feinfühlige Reiterhand nachahmen, da er nicht nachgeben kann. Selbst durch den eingearbeiteten Gummiring kommt dieser Wunscheffekt nicht zustande. Der Gummiring verschlechtert eher den gewünschten Effekt, da er durch sein Material zurückgefedert wird und somit dem Pferd zusätzliche Schmerzen im Pferdemaul hinzufügt. Sogar die natürliche Nickbewegung des Pferdes wird im Schritt beeinträchtigt und auf Dauer verschlechtert sich der Takt.

Kapitel 8 – Was bedeutet Longieren?

Unter dem Longieren versteht sich das Laufenlassen eines Pferdes auf einer kreisförmigen Bahn. Der Longenführer steht in der Mitte und hält die Longe in der Hand, die in die Laufrichtung des Pferdes weist.

Das Longieren dient der Gymnastizierung des Pferdes ohne Reitergewicht. Hierbei lernt das Pferd bereits erste Kommandos, die im

Nachhinein wichtig für das Reiten sind. Weiterhin können Probleme, die unter dem Sattel auftreten, behoben werden. Mit der Longe können ebenfalls junge Pferde antrainiert und zusätzlich an Sattel, Trense und das Reitergewicht gewöhnt werden.

Auf die Frage, ob Longieren schädlich für die Pferde ist, gehen die Meinungen der Menschen weit auseinander. Es kommt darauf an, wie longiert wird. Ein falsches Longieren kann dem Pferd schaden. Lehnt es sich zu stark in den Kreis hinein, werden die Vorderbeine stark belastet. Durch die Schräglage werden die Hufe an ihrer Kante aufgesetzt und somit Sehnen und Gelenke geschädigt.

Im Allgemeinen ist das Longieren eine Abwechslung in dem Trainingsalltag eines Pferdes und grundsätzlich kann dies das Pferd lockern, falls es nötig sein sollte.

WAS WIRD ZUM LONGIEREN BENÖTIGT?

Um ein Pferd zu longieren, wird zunächst eine Longe benötigt. Diese sollte eine Länge zwischen sieben und acht Metern haben und zudem aus einem rutschfesten und griffigen Material, z. B. Baumwolle oder Nylon bestehen.

Als zweites wichtiges Ausstattungswerkzeug darf eine Longierpeitsche nicht fehlen. Diese hilft Ihnen, damit Sie zusätzlich zu Ihrer Stimme Ihr Pferd antreiben können. Bei der Peitsche unbedingt darauf achten, dass sie das Pferd in seiner Vorwärtsbewegung gerade so noch berührt. Zudem gilt: Je leichter die Peitsche, desto besser, da das Longieren für den Peitschenarm schnell ermüdend wird.

Wenn ein Pferd nicht mit einem Sattel longiert wird, ist es möglich, einen Longiergurt zu verwenden, um eventuelle Hilfszügel daran zu befestigen.

Die Hilfszügel begrenzen das Pferd seitlich, ermöglichen die Vorwärts-Abwärts-Bewegung sowie das Herantreten an das Gebiss. Gewisse Ausbinder kommen zum Einsatz, wenn die Pferde sich schwertun, über den Rücken zu gehen.

Wollen Sie Ihr Pferd mit Sattel longieren, empfiehlt sich hierzu ein Kappzaum. Befestigen Sie die Longe nicht am Gebiss, sondern an dem Ring des Kappzaumes.

Damit sich das Pferd bei dem Übertreten nicht verletzt, ist ein Beinschutz angebracht. Dieser kann aus Gamaschen, Bandagen und Glocken bestehen.

WICHTIGE ASPEKTE
BEIM LONGIEREN

Um auf verschiedene Fragen einzugehen, wird im Folgenden auf wichtige Aspekte aufmerksam gemacht.

Damit Ihr Pferd von Ihnen weggeht, platzieren Sie sich vor der Schulter, damit Sie als innere Begrenzung wahrgenommen werden. Drehen Sie Ihre Longen-Hand-Schulter nach vorn auf Ihr Pferd zu, um ihm den Weg nach innen versperren zu können. Benutzen Sie Ihre Körpersprache und stellen Sie sich vor, dass Sie Ihren Vierbeiner mit Ihrem Körper nach außen schieben möchten.

Um auf die Frage einzugehen, wie lange Sie Ihr Pferd longieren sollten, kommt es auf die körperliche Verfassung Ihres Tieres an. Bei einem Pferd, welches nach einer Abfohlung oder Verletzung in das Training kommt, werden langsamere Steigerungen empfohlen, um die Gelenke zu schonen. Ein Pferd, welches das dritte Lebensjahr erreicht hat, sind 30 Minuten eine grobe Vorgabe. Die Einheit darf je nach Verfassung und selbstverständlichen Richtungswechseln auch länger erfolgen. Bei einem Pferd, jünger als drei Jahre, reichen bereits fünfzehn Minuten aus, um eine Überforderung und Überdehnung der Sehnen nicht zu riskieren.

Die korrekte Hilfengebung sieht folgendermaßen aus: Vorab lässt sich sagen, dass es die Grundlage für die fachgerechte Arbeit mit Pferden ist. Wie beim Reiten sind die treibenden Hilfen vorrangig. Sie werden mit der Stimme, unserer Körpersprache und der Peitsche gegeben. Um ein Pferd durchzuparieren, vereinen Sie Stimmhilfen und treibende Hilfen.

Laut der FN ist das Pferd das Spiegelbild des Longenführers. Reagiert das Pferd nicht wie gewünscht, sollten Sie Ihre angegebenen Hilfen hinterfragen.

Falls Sie sich fragen, wie die Longe gehalten werden soll, um Schäden an Ihrem Körper zu verhindern, lesen Sie jetzt. Wickeln Sie sich die Longe niemals um Ihre Hand, da bei einem plötzlichen Weglaufen Ihres Vierbeiners Verletzungen entstehen können. Die FN empfiehlt, das Aufnehmen der Longe ohne Pferd zu üben, damit ein sicherer Umgang gegeben ist. Die Handschlaufe wird in die volle Hand gelegt. Danach werden immer mehr Schlaufen aufgenommen, bis sich die komplette Longe auf Kniehöhe befindet. Da die Schlaufen gleichmäßig übereinander liegen, ist ein Herauslassen der Longe nun ebenso einfach wie das Aufnehmen.

Um Einwirkungsfehler zu vermeiden, achten Sie auf folgende Aspekte: Wenn Sie als Longenführer keine gerade Linie gehen, wird dies Ihrem Pferd ebenfalls schwerfallen. Gehen Sie als Longenführer zu früh los, bleibt Ihr Pferd nicht vor der treibenden Hilfe oder bleibt stehen. Gehen Sie zu spät los, geht Ihr Pferd auf einer gebogenen statt auf der gewünschten geraden Linie. Zudem hängt die Longe durch. Gehen Sie nicht parallel mit dem Pferd mit, erschwert sich die Verbindung zur Longe. Reagiert das Pferd noch nicht genügend auf die heraustreibenden Hilfen, arbeiten Sie zunächst auf großen Linien.

Im Verlauf der Ausbildung wird das Pferd die Hilfen besser annehmen und bewegt sich, wenn die Longe herausgelassen wird, nach außen. Wenn Ihr Pferd es eilig hat oder sich nicht regulieren lässt, verkürzen Sie die Longe vorübergehend. Dadurch haben Sie als Longenführer mehr Einwirkungsmöglichkeiten auf das Pferd und können das Tempo besser regulieren. Begleiten Sie Ihr Pferd dabei auf einer gebogenen Linie. Falls Ihr Pferd noch nicht genügend auf die Hilfen zum Durchparieren reagiert, verkürzen Sie ebenso die Longe, um besser auf das Pferd einwirken zu können. Begleiten Sie Ihr Pferd auf der gebogenen Zirkellinie bis zu der Großen. Durch eine kürzere Distanz können Sie mit genügend Ruhe die Hilfengebung zum Durchparieren Ihrem Pferd beibringen.

Die Gestaltung einer Longeneinheit von Tania Konnerth und Babette Teschen kann folgendermaßen aussehen: Das Pferd wird 10 bis 15 Minuten in einem ruhigen Tempo aufgewärmt. Diese Aufwärmung kann aus der Führung mit Stellung, Seitengängen und 2 bis 3 Meter Trab bestehen. Danach sind 5 Minuten Wellness, in Form des Kraulens, eine Massage an der Lieblingsstelle des Pferdes und Beziehungspflege ein wichtiger Aspekt. Schließlich soll dem Pferd die Arbeit mit dem Menschen Spaß machen. Weitergeht es mit etwa 5 bis 10 Minuten schwungvollem Vorwärts mit

einer aktiven Hinterhand des Pferdes, Trab-Ga-
loppübergänge, den Zirkel verschieben, eine
ganze Bahn mit großer Longendistanz, an der langen Seite zulegen lassen. Gefolgt von erneuten 5
Minuten Wellness, Massage und Beziehungspflege. Danach beschreiben die beiden Verfasse-
rinnen gymnastizierende Übungen an der Hand
mit dem Schwerpunkt auf der Biegung und der
Lastaufnahme der Hinterhand. Danach erfolgt die
Galopparbeit für 5 Minuten und zum Schluss die
Phase zum Runterkommen im ruhigen Tempo mit
einem erneuten Dehnen und einer Massage.

Bei der Frage, wie häufig ein Pferd in der Woche longiert werden soll, gehen die Meinungen
auseinander. Generell sagen Experten, dass vier-
mal Training für Pferde ausreichend ist. Dieser
Ratgeber gibt keine Anzahl vor, da es von Tier zu
Tier unterschiedlich ist. Zudem werden einige
Pferde vor jedem Training ablongiert, andere wiederum nicht. Falls Sie sich fragen, weshalb einige
Pferde vor dem Reiten longiert werden, hier
kommt die Antwort: Es geht meist um die Losge-
lassenheit. Dies wird unter Reitern gern als Ein-
laufen bezeichnet. Es geht dabei nicht darum, das
Pferd müde zu machen oder es in einem rasenden

und buckelnden Galopp laufen zu lassen, sondern vielmehr darum, es sinnvoll aufzuwärmen.

Um die Hinterhand beim Longieren zu aktivieren, empfehlen sich Seitengänge. Vor allem durch das Schulterherein auf dem Zirkel nehmen Pferde Last auf die Hinterhand auf.

IST DAS LONGIEREN AM GEBISS NOCH ZEITGEMÄSS?

Immer mehr Menschen, die Pferde halten, kommen auf den Geschmack, ihre Vierbeiner an einem Kappzaum zu longieren. Häufig sieht die Gesellschaft, dass Pferde an der Trense longiert werden. Die Entwicklung geht dennoch klar zu einem Kappzaum, und das aus einem sinnvollen und guten Grund. Ein Longenführer wirkt nie genauso wie ein Reiter auf ein Pferdemaul ein. Dieses liegt mitunter eindeutig an der Position. Ein Reiter wirkt, im Falle eines korrekten Reitens, auf die Maulwinkel ein, während der Longenführer dafür sorgt, dass das Gebiss im Maul des Pferdes schmerzhaft drückt. Zum anderen liegt es an physikalischen Gesetzen. Die Zügel in der Reiterhand sind kürzer als die Longe. Durch die Länge und die damit verbundene Fliehkraft der Longe wirkt sich das Gewicht, unabhängig davon, wie gut longiert wird, nachteilig auf das Maul des Pferdes aus.

Im Allgemeinen möchten wir bei einem Reitpferd ein weiches und nachgiebiges Maul, welches locker und entspannt kauen kann und beiden Händen, sowohl Reiter als auch Longenführer, vertraut. Bei dem Longieren am Gebiss hat das Pferd permanent Zug im Maul. Neben dem Eigengewicht der Longe wirkt zudem noch der Longenführer oder die sogenannten Hilfszügel auf das Pferdemaul ein. Einige Menschen longieren ihre Pferde am Gebiss, mit der Begründung, mehr Kontrolle zu haben. Das liegt einzig daran, dass das Pferd beim Bocken oder bei einem falschen Schritt einen Ruck in sein Maul bekommt. Solche Pferde lernen durch Schmerzen. Da stellt sich die Frage, ob das Longieren am Gebiss zeitgemäß ist oder ob es nicht sinnvoller und vor allem pferdegerechter wäre, statt einem Gebiss einen Kappzaum zu verwenden.

Ein Argument für das Longieren am Gebiss ist die Longierbrille. Durch diese Anwendung kommt es zu einem ständigen Zug auf den äußeren Gebissring. Dies hat ebenfalls physikalische Gründe.

Möchte der Longenführer sein Pferd hereinholen und nimmt die Longe an, wird das Gebiss durch die Longierbrille nach außen gezogen und gibt somit eine gegenteilige Anweisung. Je nach Einwirkung und deren Verwendung von Hilfszügeln kann es passieren, dass sich das Gebiss im Pferdemaul aufstellt, was ebenfalls zu großen Schmerzen führt. Das Longieren am Gebiss stumpft das Pferd im Maul ab, bereitet ihm Schmerzen. Es besteht die Gefahr, dass das Gebiss durch das Pferdemaul gezogen wird.

Quelle: Instagram/pre.peregrino

Cavaletti an der Longe sinnvoll einbauen

Ingrid Klimke bei Cavallo: „Cavaletti fördern Kraft und Konzentration."

Laut ihrer Aussage longiert die erfolgreiche Dressur- & Vielseitigkeitsreiterin ihre Pferde mindestens einmal die Woche über Cavaletti. Klimke baut ihre Stangen dabei in einer Standardposition, bei den Buchstaben E und B. Das ist die Mitte der langen Seite, auf der Mittelzirkellinie des dritten Hufschlags. Dies sei besonders effektiv, da von dem Pferd Stellung und Biegung gefordert wird.

Im Schritt sollten die Stangen flach am Boden liegen, im Trab höchstens halb aufgestellt und im Galopp ganz aufgestellt werden.

Auf die Frage, wie Klimke ihre Pferde auf diese konzentrationsreiche und kraftfordernde Arbeit vorbereitet, sagte sie, dass durch drei Einheiten pro Woche die Pferde darauf gut trainiert werden. Sie beschrieb die Anfänge etwa, dass das Pferd bei seiner ersten Einheit sechs- bis zehnmal über die Stangen tritt. Die Anforderungen sollten langsam gesteigert werden. Die Stangen sollten erst erhöht werden, sobald das Pferd ausreichend Kraft hat und sicher im Umgang ist.

Was bringt diese Cavaletti-Arbeit überhaupt? Klimke hat auch hier die passende Antwort, denn dadurch werden Hinterhand- sowie Rückenmuskulaturen gekräftigt, um das Pferd langfristig gesund zu erhalten. Bei dem Lösen fördern Sie die korrekte Vorwärts-Abwärts-Dehnung. Bereits im Schritt oder am langen Zügel müssen die Pferde genau hinschauen und passend treten. Dadurch lassen sie ihren Hals besser fallen.

Im Trab fördert Cavaletti zudem Takt und Kadenz. Zudem gibt es Reihen, die ideal zur Vorbereitung von Seitengängen dienen. Erst, wenn ein

Pferd die Cavaletti auf beiden Händen geschmeidig meistert, sollten Sie mit dem Seitwärts beginnen.

Quelle: Ingrid Klimke bei Cavallo/Interview über Cavaletti Dressur und Springen

Kapitel 9 – Der Pferdekauf

Der Kauf eines eigenen Pferdes ist ein Traum, den viele Menschen verfolgen. Dennoch gibt es viele Aspekte, die bei einem Pferdekauf zu berücksichtigen sind. So gilt nicht nur, auf das Aussehen des Pferdes zu achten, sondern es gelten auch der gesundheitliche Zustand und der Ausbildungsgrad. Nebenbei dürfen Sie die monatlichen Kosten und die vertraglichen Regelungen nicht außer Acht lassen. Eine gute Vorbereitung ist der Schlüssel zu einem erfolgreichen Pferdekauf.

1. Vor dem Pferdekauf

Im Vorhinein müssen Sie sich bewusst sein, dass Sie als Pferdebesitzer viele Verpflichtungen haben. Die Faktoren beinhalten die monatlichen Kosten bis hin zu einem korrekten Training und vor allem die richtige Versorgung des Pferdes. Es empfiehlt sich eine Zweitmeinung, beispielsweise eines Tierarztes, des Trainers oder des zukünftigen Stallbesitzers, einzuholen. Hinterfragen Sie Ihre eigenen Fähigkeiten und achten Sie bei dem Kauf des Pferdes auf das Alter. Sind Sie Reitanfänger, lohnt es sich, ein älteres Pferd zu wählen.

2. Welche Kosten erwarten mich? (Anschaffungskosten, Tierarzt, Hufschmied, Zubehör etc.)

Die Anschaffung eines Pferdes und dessen Zubehör kann kostspielig sein. Achten Sie auf die monatlichen Kosten wie beispielsweise ein Hufschmiedbesuch, der alle sechs bis acht Wochen erfolgen sollte und zwischen 30 Euro und 200 Euro kosten kann. Weiterhin müssen Pferde von einem Tierarzt geimpft werden, worauf Sie sich pro Impfung auf 35 Euro einstellen können. Wenn Sie einen Sattel haben möchten, gibt es keine

Preisobergrenze, dennoch sollten Sie darauf achten, dass dieser genau passt und diesen durch einen Experten mindestens einmal im Jahr erneuern lassen. Ebenfalls mindestens einmal im Jahr oder alle zwei Jahre empfiehlt sich ein Pferdezahnarzt, bei dem Sie pro Besuch mit mindestens 150 Euro rechnen sollten. Nicht zu vergessen ist hier der Stall. Wo möchten Sie Ihr Pferd unterstellen? In einem Offenstall müssen Sie je nach Wohnort und Lage sowie den Trainingsmöglichkeiten mit einem Beitrag von 100 Euro rechnen.

3. Worauf bei der Wahl des Pferdes achten?
Nachdem Sie wissen, dass Sie sich ein eigenes Pferd leisten können und dem gerecht werden, müssen Sie sich klar werden, welche Ambitionen Sie haben und welches Pferd zu Ihnen passt. Für jede Disziplin gibt es das passende Pferd. Wenn Sie keine feste Disziplin finden oder wollen und Ihnen lange Ausritte durch die Natur ausreichen, benötigen Sie keine bestimmte Rasse. Dennoch sollten Ihre Größe und Ihr Gewicht mit dem Pferd zusammenpassen. Auch hier hat es den Vorteil, sich eine Zweitmeinung einzuholen.

4. Welche Voraussetzungen muss das Pferd erfüllen?

Der Gesundheitszustand des Tieres sollte an erster Stelle stehen. Um diesen Zustand ermitteln zu können, sollten Sie von einem Tierarzt eine große Ankaufuntersuchung durchführen lassen, schließlich möchten Sie lange etwas von Ihrem Vierbeiner haben.

5. Wo können Sie ein Pferd kaufen?

Der wohl bekannteste Onlinemarkt für Pferde ist die Seite von ehorses. Dort können Sie mit sämtlichen Filtern das Pferd finden, welches am besten zu Ihnen passt.

Als zweite Möglichkeit bieten sich Pferdezüchter in Ihrer Nähe an, bei denen die Pferde bereits ihr ganzes Leben verbracht haben oder gerade erst zur Welt gekommen sind.

Herstellung und Verlag:

BoD – Books on Demand, Norderstedt

ISBN: 9783756809578